A Viagem

Charles Baudelaire

TRADUÇÃO E NOTAS
Alexandre Barbosa de Souza

1ª edição – São Paulo, 2017

LARANJA ORIGINAL

Maxime du Camp (1822-1894), amigo de Baudelaire e de Flaubert, com quem este viajou para o Oriente entre 1849 e 1851. Em 1852, publicou o que seria o primeiro livro ilustrado com fotografias: *Viagem ao Egito, à Núbia, à Palestina e à Síria*. (Com o material de suas próprias anotações nessa viagem, Flaubert escreveria seu romance *Salambô*, ambientado em Cartago, que publicaria apenas dez anos mais tarde.) Em 1855, du Camp publicou, por ocasião da Exposição Universal de Paris, *Les Chants modernes*, cânticos em louvor ao progresso, elogiando o gás, o vapor, a eletricidade. Ironia de Baudelaire.

A Maxime du Camp

I

"O culto das imagens (minha grande,
minha única, minha primitiva paixão)"
[Baudelaire, *Meu coração posto a nu*, XXXVIII]

"Ainda muito jovens, meus olhos cheios
de imagens pintadas ou gravadas jamais
se saciavam"
[Baudelaire, *Salão de 1859*, IV]

Se Henry James e Ezra Pound não
gostavam de Baudelaire, em "East
Coker" (1940), T.S. Eliot praticamente
parafraseia "A Viagem":

O lar é onde começamos. Conforme envelhecemos
O mundo vai ficando estranho, o padrão mais complicado
...
Existe o tempo da noite à luz das estrelas
E o tempo da noite à luz da lâmpada
(A noite com o álbum de fotografias).

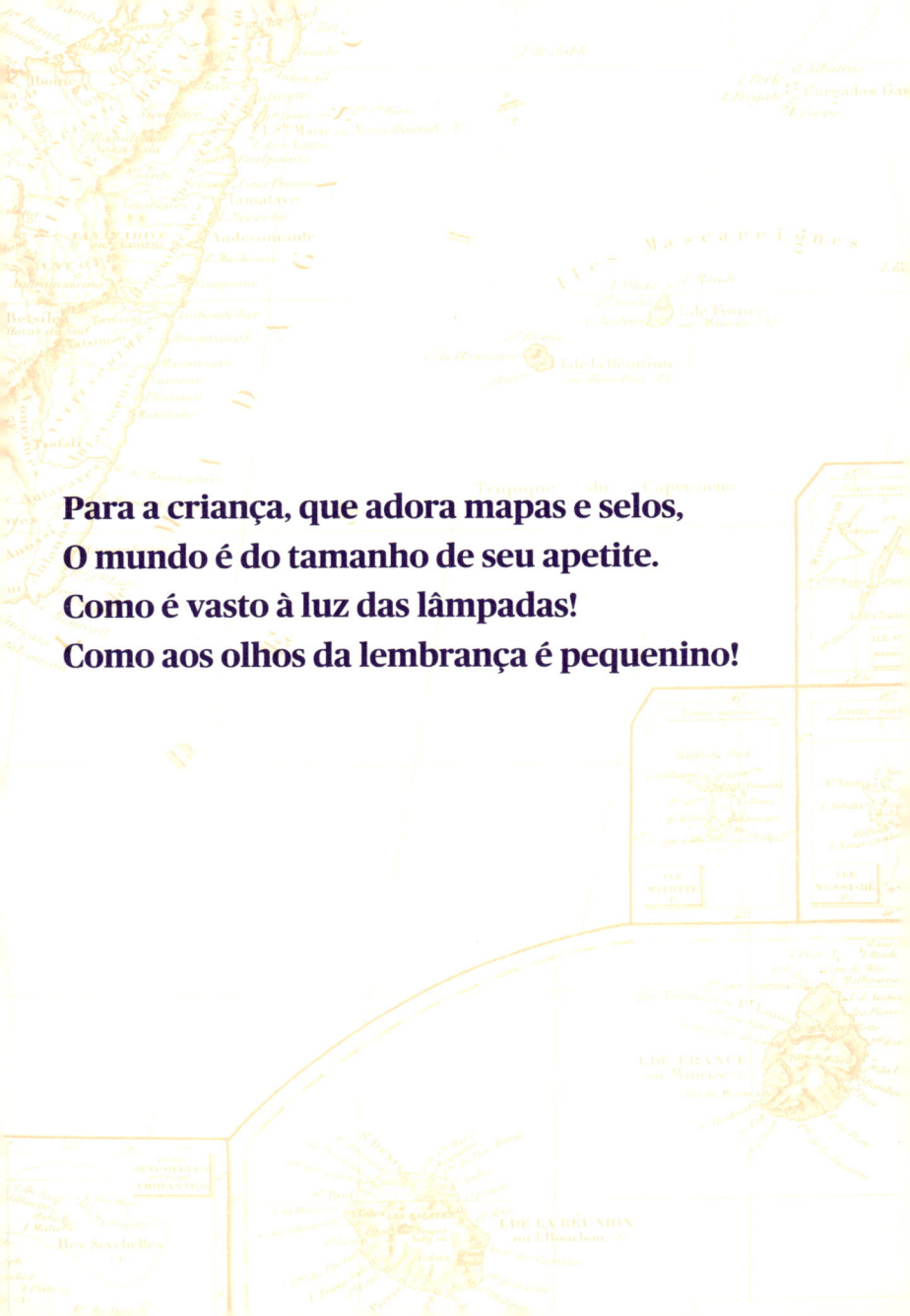

Para a criança, que adora mapas e selos,
O mundo é do tamanho de seu apetite.
Como é vasto à luz das lâmpadas!
Como aos olhos da lembrança é pequenino!

No original francês, *voyage* se refere à viagem marítima — provavelmente à única do autor, obrigado pelo padrasto, na juventude, até à Índia em 1841. A viagem seria interrompida nas ilhas Maurício e Reunião, mais perto de Madagascar, onde o poeta ficaria alguns meses, retornando à França só no ano seguinte. Nessa viagem, Baudelaire escreveria aqueles que seriam os primeiros poemas de seu grande livro ("O Albatroz", "A uma Dama Crioula", "A uma Malabarense", entre outros inspirados nesses oito meses, como o poema em prosa "A Bela Doroteia", *Spleen de Paris*, XXV). Seu tio-avô materno, François Levaillant é autor de uma *Viagem pelo interior da África* (1790), que Baudelaire leu aos 13 anos.

**Um dia partimos, o cérebro em chamas,
Coração cheio de rancor e desejos amargos,
E vamos seguindo o ritmo da onda,
Acalentando o infinito sobre o finito dos mares:**

Na fábula de La Fontaine (1621-1695), "O astrólogo que caiu no poço" (Livro II, 13), com a anedota sobre Tales de Mileto, existe uma comparação entre os olhos da mulher e as estrelas, provavelmente por influência do Soneto XIV de Shakespeare ("Not from the stars do I my judgement pluck; / And yet methinks I have Astronomy"), que Poe usará ao dizer sobre os olhos de Ligeia (1838), que era das suas pupilas, "o mais fervoroso dos astrólogos", na tradução de Baudelaire das *Histórias extraordinárias* em 1856.

**Uns, felizes por fugir de um país infame;
Outros, do horror de suas promessas,
Astrólogos afogados nuns olhos de mulher,
Circe tirana de peregrinos perfumes.**

No canto X da *Odisseia* (versos 105 e seguintes), Homero conta a história de Circe, deusa linda e terrível, filha do Sol (Hélios), neta de Oceano, uma cantora feiticeira que vivia num solar rodeado de lobos e leões, e que transformou os companheiros de Ulisses em porcos quando aportaram em sua ilha, Eeia. Com ajuda de Hermes, que dá a Ulisses uma planta mágica, o moli (galanto; no original, *oryssein*, em latim *effossa*), o herói consegue ficar imune ao feitiço e obriga Circe a desenfeitiçar os marujos convertidos. A deusa sedutora acata e termina por hospedar toda a tripulação durante um ano de orgias, bebedeiras e banquetes. Todos voltam, menos Elpenor que morreu de uma queda embriagado. Na despedida, Circe orienta Ulisses a vedar com cera seus ouvidos e que seja amarrado ao mastro do navio para resistir ao canto das sereias. Na tradução de Manuel de Odorico Mendes:

Tristes grunhindo, a maga lhes atira
Glande, azinha e cornisolo, sustento
Próprio desses rasteiros foçadores.

No canto XXVI do Inferno de Dante, Virgílio conversa em grego com Ulisses, que está ali na oitava fossa dos conselheiros fraudulentos, e conta uma história muito diferente de Homero, mas ao mesmo tempo muito parecida com certos trechos d'"A Viagem". Baudelaire leu na tradução em prosa de Pier Angelo Fiorentino:

"Quando deixei Circe, que me reteve por mais de um ano perto de Gaeta, antes que Eneias a tivesse assim nomeado, nem a doçura do meu filho, nem a pena do meu velho pai, nem o santo amor que faria minha Penélope feliz, não puderam vencer em mim o ardor que eu tinha de conhecer o mundo, os vícios e as virtudes dos homens; mas me pus a atravessar o grande mar aberto, com um só navio e os poucos companheiros que não me haviam abandonado. Vi dos dois lados, Espanha e Marrocos, e Sardenha, e as outras ilhas banhadas pelo mesmo mar. Eu e meus companheiros já estávamos velhos e alquebrados quando chegamos ao estreito canal onde Hércules fincou suas colunas, para advertir aos homens que não as franqueassem. Passei Sevilha à direita, assim como havia deixado Ceuta à esquerda. Ó irmãos, eu disse, que por cem mil perigos chegaram ao Ocidente, não deixem de conhecer esse mundo sem habitantes que fica além do sol; sonhem com suas origens: vocês não foram feitos para viver como brutos, mas para procurar a virtude e a ciência."

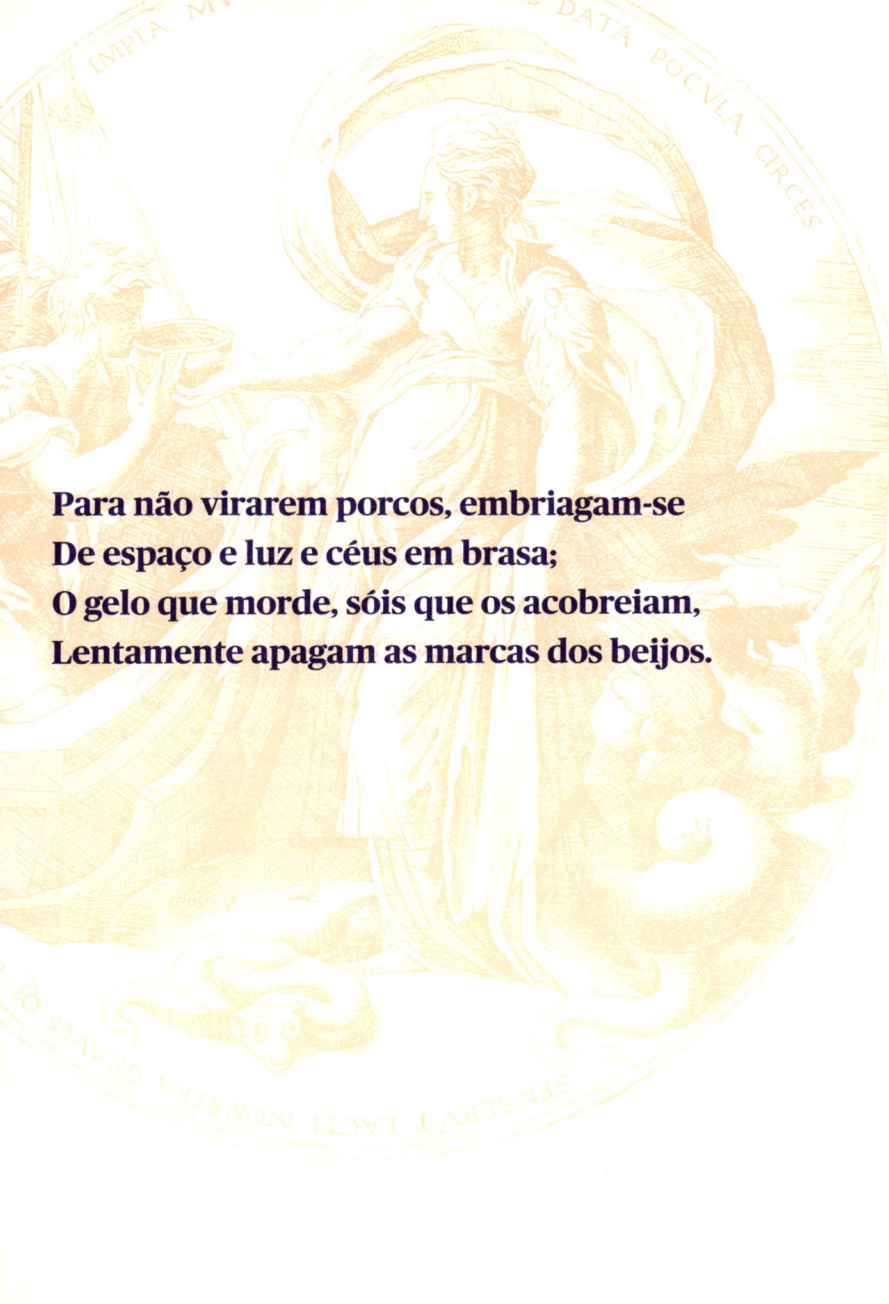

**Para não virarem porcos, embriagam-se
De espaço e luz e céus em brasa;
O gelo que morde, sóis que os acobreiam,
Lentamente apagam as marcas dos beijos.**

Em 1858, Félix Nadar, amigo de Baudelaire que tinha um balão em Paris, fez a primeira fotografia aérea. Nadar foi amante de Jeanne Duval, a Vênus negra, dançarina quiçá haitiana, que seria o grande amor da vida de Baudelaire (que a conheceu em 1842, logo depois de voltar das ilhas Maurício e Reunião e se apossar da herança do pai).

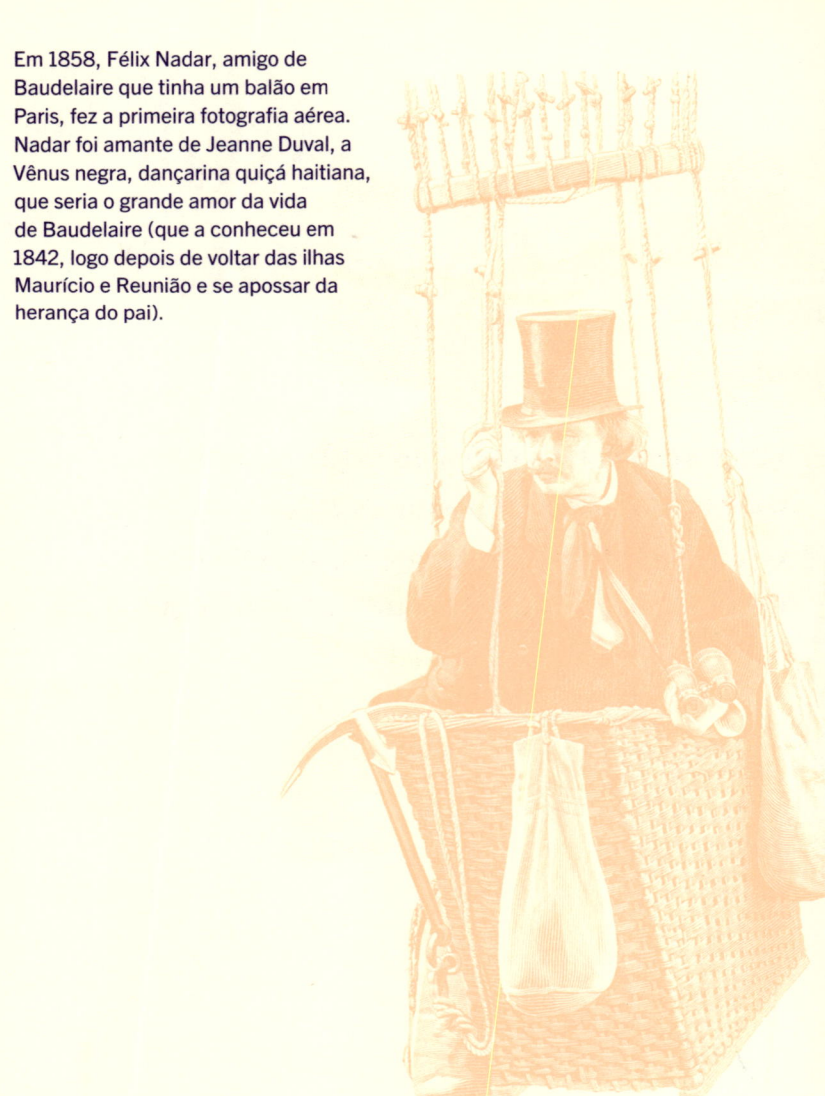

**Mas verdadeiros viajantes são só os que partem
Por partir, corações leves, como balões,
Só com a fatalidade, que jamais descartam,
E, sem saber por que, dizendo sempre: Vamos!**

O segundo e último número de *Salut public* (com vinheta de Courbet) terminava assim seu editorial: "Decididamente a Revolução de 1848 será maior que a de 1789; ela começa onde a outra terminou. VIVA A REPÚBLICA!"

Karl Marx, em seu livro *As lutas de classe na França de 1848 a 1850*, diria: "A República de Fevereiro finalmente deixou à mostra claramente o domínio da burguesia, uma vez que derrubou a coroa atrás da qual o capital se mantinha escondido".

Aqueles com desejos em forma de nuvens,
Que sonham, como o soldado com o canhão,
Com vastas volúpias, furtivas, ignotas,
Das quais o espírito humano jamais soube o nome!

II

Heliodoro expulso do templo (1855), de Delacroix, inspirado no segundo livro de Macabeus, capítulo 3, versículos 25-6. Heliodoro, funcionário do rei sírio, é atacado por um cavaleiro com armas de ouro e dois jovens fortes e elegantes que o chicoteiam — seriam na verdade anjos de Deus evitando que o tesouro do templo de Jerusalém fosse roubado. Heliodoro aparece entre os avarentos malsucedidos do Canto XX do Purgatório de Dante.

**Imitamos, que horror!, o pião e a bola
Em sua valsa, seus pulos; mesmo no sono
A Curiosidade nos atormenta e abala
Como um Anjo cruel que chicoteia o sol.**

Nicolau de Cusa, em *Sobre a douta ignorância* (1440), diz: "O universo não tem circunferência, porque se tivesse um centro e uma circunferência, teria em si mesmo seu princípio e seu fim". Pascal, em seus *Pensamentos* (1670), usa "a natureza como um todo ou a realidade das coisas" em vez de "universo ou Deus": "É uma esfera infinita, cujo centro está em toda parte e a circunferência em parte alguma" (seção 2, fragmentos 71-72). Essa ideia tem sua origem atribuída ao lendário Hermes Trismegisto, citado no *Livro dos 24 filósofos*, e por Alanus de Insulis, em suas *Regras celestes* (século XII): *Deus est sphaera infinita, cuius centrum est ubique, circumferentia nusquam*. No poema "Alquimia da Dor", Baudelaire se dirige a Hermes Trismegisto e se compara a um "construtor de sarcófagos", reforçando a lenda medieval que o identificava com o egípcio Tot, deus com cabeça de íbis, do conhecimento, da magia e da escrita, protetor dos escritores. Literalmente, em grego, utopia significa nenhum lugar, e Baudelaire zomba dessa ideia.

Singular esta sina: se desloca a meta,
Que não estando em parte alguma pode estar
 [em qualquer parte!
Aonde o Homem, cuja esperança não arrefece,
Busca o repouso como um louco!

VOYAGE EN ICARIE

PAR

M. CABET.

FRATERNITÉ.

Tous pour chacun.   Chacun pour tous

SOLIDARITÉ   AMOUR   ÉDUCATION
ÉGALITÉ—LIBERTÉ   JUSTICE   INTELLIGENCE—RAISON
ÉLIGIBILITÉ   SECOURS MUTUEL   MORALITÉ
UNITÉ   ASSURANCE UNIVERSELLE   ORDRE
PAIX   ORGANISATION DU TRAVAIL   UNION
                        MACHINES AU PROFIT DE TOUS
                        AUGMENTATION DE LA PRODUCTION
                        RÉPARTITION ÉQUITABLE DES PRODUITS
                        SUPPRESSION DE LA MISÈRE
                        AMÉLIORATIONS CROISSANTES
Premier droit,   MARIAGE ET FAMILLE   Premier devoir,
Vivre.   PROGRÈS CONTINUEL   Travailler.
                        ABONDANCE
                        ARTS.
A chacun   De chacun
suivant ses besoins.   suivant ses forces.

BONHEUR COMMUN.

PARIS
AU BUREAU DU POPULAIRE, RUE JEAN-JACQUES-ROUSSEAU, 14.
Et dans les Départements et à l'Étranger, chez les Correspondants du Populaire
1848

Ilha no mar Egeu, perto de onde teria caído Ícaro, segundo as *Metamorfoses* (VIII, v. 235) de Ovídio, que inspiraria a utopia comunista expressa no romance *Viagem a Icária* (1842), de Étienne Cabet, que construiu comunidades nos Estados Unidos em 1848. Neste estado ideal, tal como aparece no romance, estariam "banidas todas as modas, as sacerdotisas da moda, as modistas, assim como os ourives e todas as outras profissões que prestam serviço ao luxo" [Sigmund Engländer, *História das associações dos trabalhadores franceses*, 1864]. A última comunidade de icarianos em Iowa se desfez em 1898.

Nossa alma é um barco que busca sua Icária;
Uma voz estronda sobre a ponte: "Olha!"
Uma voz da gávea, ardente e louca, grita:
"Amor... glória... felicidade!" "Droga, é só um destroço!"

A poeta Edna St. Vincent Millais, tradutora d'"A Viagem" de Baudelaire, comentaria que a grafia Eldorado, em vez de El-Dorado, era a opção de Poe em seu poema "Eldorado" (1849), escrito no contexto da Corrida do Ouro da Califórnia.

**Cada ilhota que divisa o vigia
É um Eldorado prometido pelo Destino;
A Imaginação que arma sua orgia
Só acha um recife no clarão matutino.**

"Não digo que o mundo vá se reduzir aos expedientes e à desordem de bufões das repúblicas da América do Sul, que talvez até retornemos ao estado selvagem, e que iremos, através das ruínas cobertas de mato da nossa civilização, em busca de alimento, com um fuzil na mão. Não; pois essa sorte e essas aventuras suporiam ainda uma certa energia vital, eco das primeiras eras. Novo exemplo e novas vítimas de inexoráveis leis morais, pereceremos justamente daquilo de que acreditávamos viver. A mecânica nos terá americanizado tanto, o progresso nos terá atrofiado tanto a parte espiritual, que nada, dentre os sonhos sanguinários, sacrílegos ou antinaturais dos utopistas poderia ser comparado a seus resultados positivos."
[Baudelaire, "O mundo vai acabar", *Fusées*, 22]

**Ó pobre amante do país quimérico!
Será preciso pôr a ferros e jogar no mar
Esse marujo ébrio, inventor de Américas
Cuja miragem faz a voragem mais amarga?**

Tradicionalmente, a expressão "delícias de Cápua" alude ao inverno que o general cartaginês Aníbal passou desfrutando os prazeres dessa cidade de gladiadores — como aparece na história de Espártaco — em vez de atacar logo Roma desguarnecida na Segunda Guerra Púnica em 218 a.C., depois de atravessar os Pirineus e os Alpes com seus elefantes. Em vez de atacar pelo norte, Aníbal voltou para o sul e conquistou várias cidades. Virgílio alude a essas guerras no livro IV da *Eneida*. Hoje Santa Maria Capua Vetere, a cidade ofereceu inúmeros prazeres aos conquistadores, que ali fizeram sua base, motivo pelo qual os romanos derrotados espalharam a lenda de que Cápua era um reduto de traidores frívolos, um antro de vícios. Assim como em Circe (I), Icária (II), ópio (VI), lótus (VII), as delícias de Cápua são usadas para sugerir o amolecimento prazeroso mas eventualmente desastroso dos paraísos artificiais, "potências da dissolução", segundo Adorno e Horkheimer, em *Dialética do esclarecimento* (1944).

**Assim o velho vagabundo, que pateia na lama,
Sonha, nariz empinado, com brilhantes paraísos;
Seu olho encantado descobre uma Cápua
Ali onde a vela ilumina um barraco.**

III

"O sonho do longínquo pertence à infância. O viajante viu as terras distantes, mas perdeu a fé no longínquo. [...] Baudelaire — o melancólico a quem a estrela indica o caminho do longínquo. Mas ele não a seguiu. As imagens do longínquo [em seus poemas] apenas como ilhas que emergem do mar da vida anterior ou da névoa parisiense. Nelas raramente falta a mulher negra. E é em seu corpo profanado que esse longínquo se coloca aos pés daquilo que era próximo de Baudelaire: a Paris do Segundo Império".
[Walter Benjamin, *Passagens*]

**Espantosos viajantes! Que nobres histórias
Lemos em seus olhos profundos como os mares!
Mostrem-nos as caixas de suas ricas memórias,
Joias magníficas de astros e éteres.**

"A ideia do progresso. Este farol obscuro, invenção do filosofismo atual, brevidade sem garantia da natureza ou da Divindade, esta lanterna moderna lança suas trevas sobre todos os objetos do conhecimento; a liberdade se esvai, o castigo desaparece"
[Baudelaire, *Exposição universal de 1855*]

Queremos viajar sem vapor e sem vela!
Para alegrar o tédio das nossas celas,
Passem sobre nossos espíritos, estendidos em tela,
Lembranças e quadros de seus horizontes.

Digam, o que vocês viram?

IV

"Alguns generais do exército francês, na expedição do Egito em 1798, aproveitando a vizinhança da Índia, enviaram a suas mulheres xales de caxemira. A febre da caxemira cresceu no Consulado, no Império, tornou-se gigantesca na Restauração, colossal no governo de Julho, e chegou enfim ao estado de Esfinge depois da Revolução de fevereiro de 1848." [A. Durand, *Paris Chez Soi*].

Expulsas do Egito em 1801, as tropas voltariam à França trazendo também o haxixe. Em 1861, Baudelaire escreveu à mãe sobre sua tentativa de penhorar um xale: "Disseram-me que havia um encalhe de caxemiras".

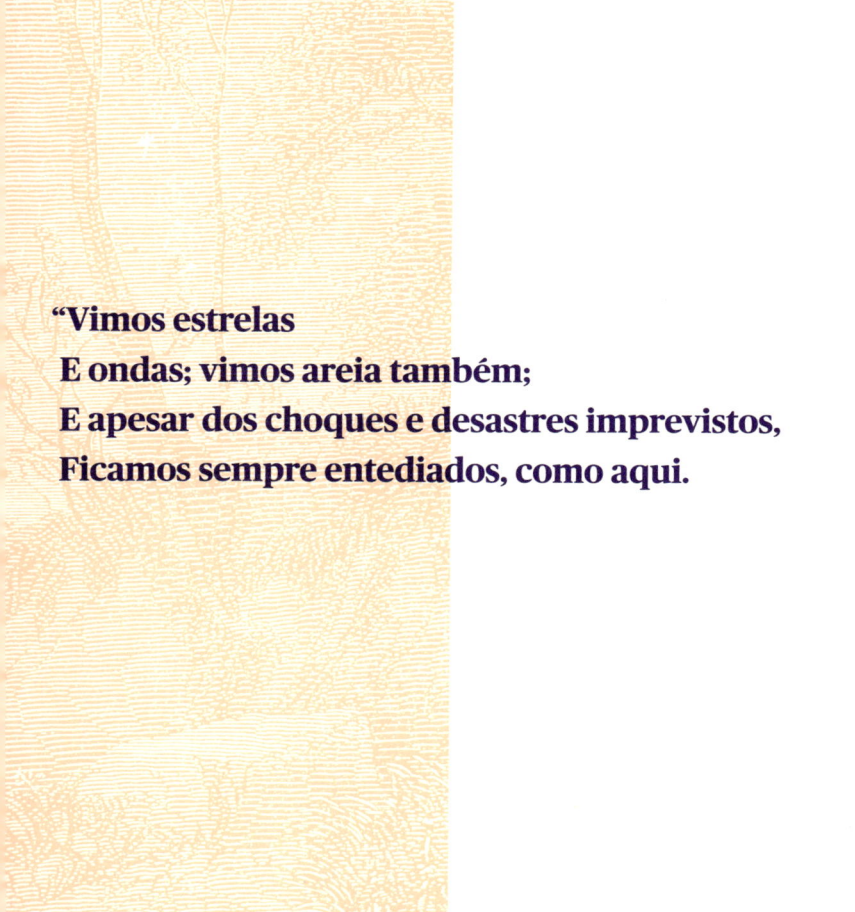

"Vimos estrelas
E ondas; vimos areia também;
E apesar dos choques e desastres imprevistos,
Ficamos sempre entediados, como aqui.

Mar violeta, em grego οἶνοψ πόντος, oînops pontós, é como aparece em Homero, na *Ilíada* e na *Odisseia*, referindo-se à cor do vinho escuro. Há quem diga que não existia azul na antiguidade.

"Baudelaire é um dos raríssimos homens que, a propósito de crítica de pintura e música, falam do pecado original. E não uma vez, mas muitas (vide *L'Art Romantique* e *Curiosités Esthétiques*). No seu livro *Mon coeur mis a nu* – livro que transpira catolicismo em todas as páginas – declara que a 'verdadeira civilização não consiste no gás, nem na máquina a vapor, nem nas mesas giratórias do espiritismo – e sim na diminuição dos vestígios do pecado original'. A meu ver, só um teólogo, um homem inspirado pelo Espírito Santo, poderia ter escrito uma tal frase".
[Murilo Mendes, "Breton, Rimbaud, Baudelaire", 1937]

A glória do sol sobre o mar violeta,
A glória das cidades ao sol que se deita,
Iluminam em nossos corações um ardor inquieto
De afundar num céu de reflexo atraente.

O homem bêbado de uma sombra que passa
Leva sempre consigo o remorso
De ter desejado mudar de lugar.
[Baudelaire, "Os Mochos", LXVII]

Malvestidos, vivendo em tugúrios,
Embaixo de pedras, entre escombros,
Nós moramos com as corujas
E os ladrões amigos das sombras.
[Pierre Dupont, "Canto dos trabalhadores"]

Na tradução de Aurélio Buarque do poema em prosa
"O Estrangeiro" [Baudelaire, *Spleen de Paris*, I]:
— *Então! a que é que tu amas, excêntrico estrangeiro?*
— *Amo as nuvens... as nuvens que passam... longe...*
lá muito longe... as maravilhosas nuvens!"

**As mais ricas cidades, as maiores paisagens,
Jamais exerceram a atração misteriosa,
Como a do acaso com as nuvens.
E sempre o desejo nos deixava ansiosos!**

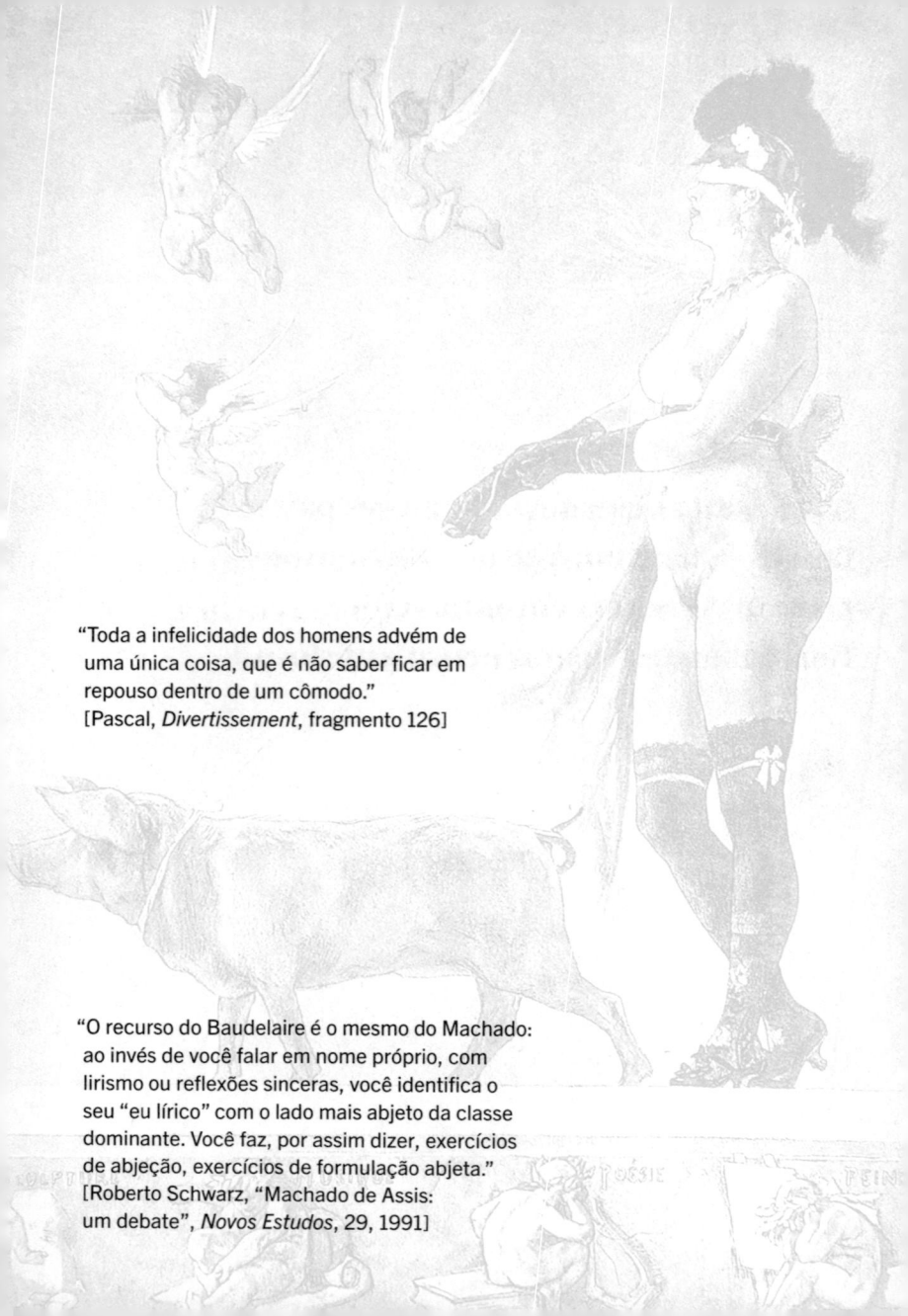

"Toda a infelicidade dos homens advém de uma única coisa, que é não saber ficar em repouso dentro de um cômodo."
[Pascal, *Divertissement*, fragmento 126]

"O recurso do Baudelaire é o mesmo do Machado: ao invés de você falar em nome próprio, com lirismo ou reflexões sinceras, você identifica o seu "eu lírico" com o lado mais abjeto da classe dominante. Você faz, por assim dizer, exercícios de abjeção, exercícios de formulação abjeta."
[Roberto Schwarz, "Machado de Assis: um debate", *Novos Estudos*, 29, 1991]

O prazer dá força ao desejo.
Desejo, velha árvore, o prazer é seu estrume,
Enquanto engrossa e endurece a tua cortiça,
Teus galhos querem ver o sol mais de perto!

Segundo Walter Benjamin, o poema
"A Viagem" é uma recusa a viajar.
[*Parque Central*, 29]

Crescerás sempre, árvore maior e mais vivaz que
[o cipreste?
Assim com muito zelo
Recolhemos esboços para o vosso álbum voraz,
Irmãos que acham belo tudo o que vem de longe!

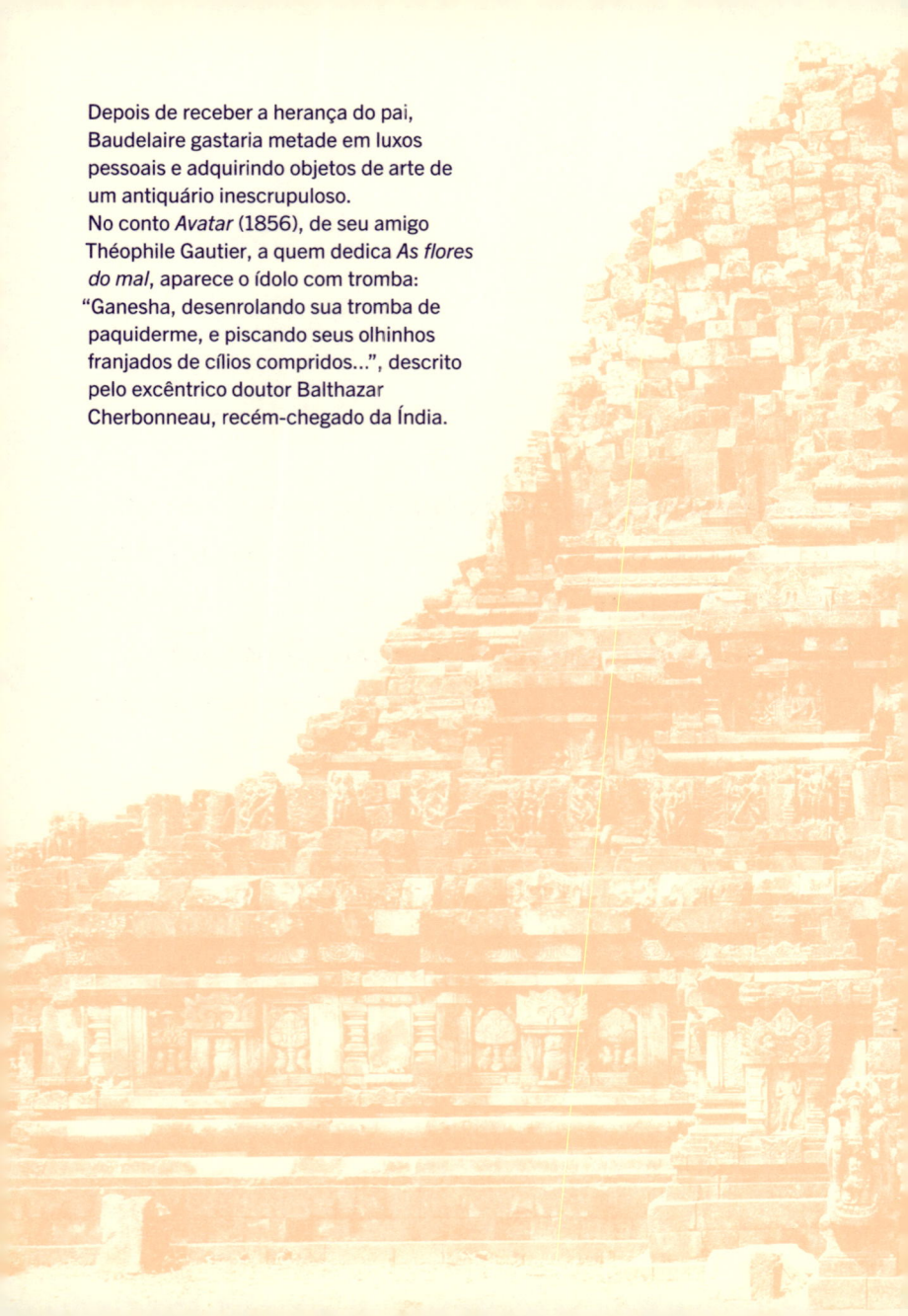

Depois de receber a herança do pai, Baudelaire gastaria metade em luxos pessoais e adquirindo objetos de arte de um antiquário inescrupuloso.
No conto *Avatar* (1856), de seu amigo Théophile Gautier, a quem dedica *As flores do mal*, aparece o ídolo com tromba: "Ganesha, desenrolando sua tromba de paquiderme, e piscando seus olhinhos franjados de cílios compridos...", descrito pelo excêntrico doutor Balthazar Cherbonneau, recém-chegado da Índia.

Nós saudamos os ídolos com tromba;
Os tronos incrustados de jóias luminosas;
Palácios trabalhados de exótica pompa,
Aos vossos banqueiros, um sonho de ruína;

"Não existe nenhum documento da cultura que não seja ao mesmo tempo um documento da barbárie."
[Walter Benjamin, *Teses sobre o conceito de história*, VII]

Na primeira edição do poema, não havia a ruptura dos versos seguintes.

Costumes que aos olhos embriagam;
Mulheres cujos dentes e unhas são pedrarias,
E safos jograis que uma serpente acaricia."

V

Alusão à fala de Macbeth (v. 19, ato 5, cena 5),
"Tomorrow and tomorrow and tomorrow".

E depois, e depois de depois?

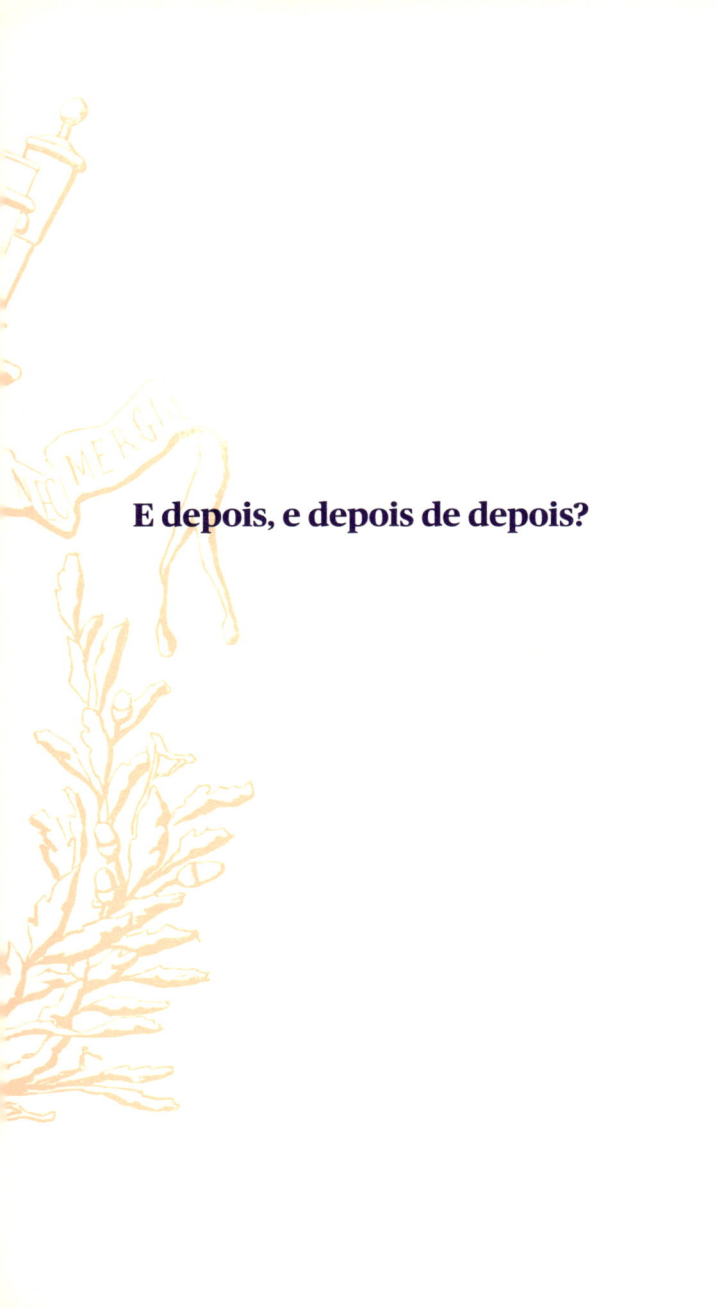

VI

"É tempo de pôr de lado estas falsas aparências e estes títeres nascidos da neblina de cérebros infantis."
[Baudelaire, "O Homem-Deus", *Paraísos artificiais*].

Emil Cioran, em seus *Silogismos da amargura*, em 1952, diz: "Com Baudelaire, a fisiologia entrou na poesia; com Nietzsche, na filosofia. Através deles, os problemas dos órgãos foram elevados ao canto e ao conceito."

"Ó cérebros infantis!"

"Curiosidade: Mulher com vestido vermelho, e azul, sobre o qual se veem espalhadas diversas orelhas e rãs. Terá os cabelos esvoaçantes, mãos erguidas e cabeça descoberta, e será alada. A Curiosidade é desejo desbragado daqueles que buscam saber mais do que devem. As orelhas mostram que o curioso só deseja ouvir e saber coisas referentes aos outros. E São Bernardo, *superbiae gradibus opponens*, opondo-se a este grau da soberba, querendo demonstrar um Monge curioso, o descreve com estes sinais, dizendo assim, *Si videris Monachum oculis vagari, caput erectum habere, aures habere suspensas, curiosum cognoscas*. (Se vires os olhos de um monge vagar, sua cabeça ficar ereta, erguer as orelhas, conhecerá um curioso.) As rãs, por terem olhos grandes, são indício de curiosidade, e por tal significado são entendidas pelos antigos, e os Egípcios, quando queriam significar um Homem curioso, representavam uma rã, e Pierio Valeriano diz, que os olhos de sapo junto com pele de Cervo, com carne de rouxinol, fazem o Homem vivaz e desperto, de onde nasce o ser curioso. Está com as mãos levantadas, com a cabeça descoberta, porque o curioso está sempre atento, e vivaz, para saber, e ouvir de todos os lados a novidade, que demonstram ainda as asas, e os cabelos esvoaçantes, que são os pensamentos vivazes, e as cores da vestimenta significam desejo de saber."
[Cesare Ripa, *Iconologia*, 1593]

**Para não esquecer a coisa capital,
Já vimos tudo, sem ter buscado,
De alto a baixo da escada fatal,
O espetáculo entediante do imortal pecado:**

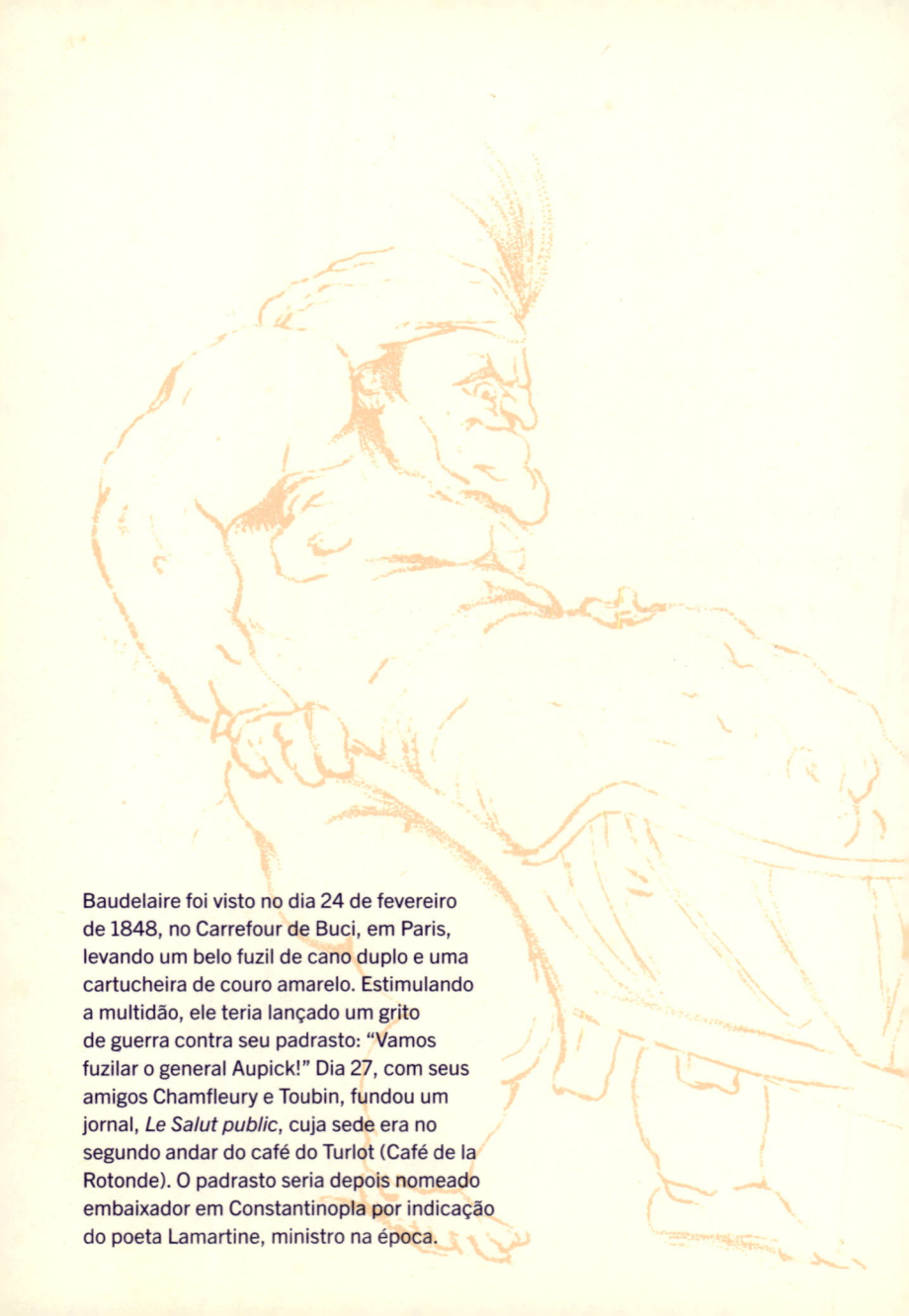

Baudelaire foi visto no dia 24 de fevereiro de 1848, no Carrefour de Buci, em Paris, levando um belo fuzil de cano duplo e uma cartucheira de couro amarelo. Estimulando a multidão, ele teria lançado um grito de guerra contra seu padrasto: "Vamos fuzilar o general Aupick!" Dia 27, com seus amigos Chamfleury e Toubin, fundou um jornal, *Le Salut public*, cuja sede era no segundo andar do café do Turlot (Café de la Rotonde). O padrasto seria depois nomeado embaixador em Constantinopla por indicação do poeta Lamartine, ministro na época.

A mulher, escrava vil, orgulhosa e estúpida,
Sem rir, mas se adorando, amando-se sem desgosto;
O homem, tirano glutão, duro e libertino,
Escravo de escrava, riacho no esgoto;

"Depois de três dias a população de Paris adquiriu uma beleza física admirável. As noites em claro e a fadiga abatem os corpos, mas o sentimento dos direitos reconquistados os redime e faz com que as cabeças estejam todas erguidas. As fisionomias estão iluminadas de entusiasmo e de orgulho republicano. Eles queriam, os infames [a chamada aristocracia financeira representada pelo banqueiro Laffitte que levou o Duque de Orleãs ao trono em 1830], fazer a burguesia à sua própria imagem — puro estômago e puro ventre — enquanto o povo morria de fome. O povo e a burguesia extirparam do corpo da França esse verme da corrupção e da imoralidade! Quem quiser ver homens belos, homens de quase dois metros de altura, que venha à França! Um homem livre, quem quer que seja ele, é mais belo que o mármore e não existe anão que não valha um gigante quando leva a fronte erguida e tem o sentimento de cidadão em seu peito."
[*Salut public*, fevereiro de 1848]

O déspota e o chicote que o povo adora aludem à eleição de Luís Bonaparte, sobrinho de Napoleão, e ao golpe de estado em 1851, como Napoleão III.

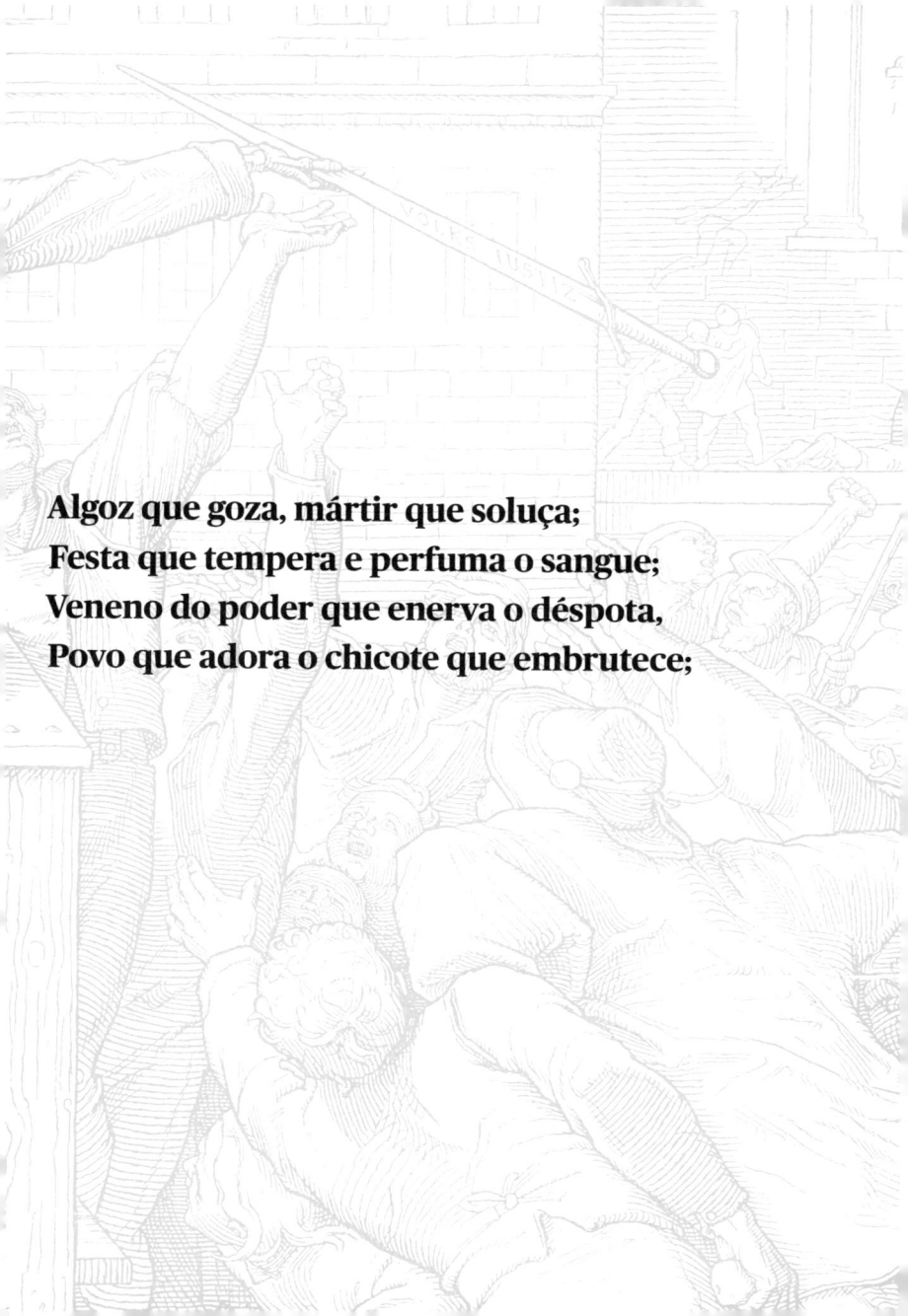

Algoz que goza, mártir que soluça;
Festa que tempera e perfuma o sangue;
Veneno do poder que enerva o déspota,
Povo que adora o chicote que embrutece;

" No último século, a realeza e a Igreja
dormiam fraternalmente no mesmo leito,
quando a Revolução se abateu sobre elas
e as fez em pedacinhos. Inconveniente das
más companhias, se disse a Igreja; ao
menos não me repreenderão mais. A Igreja
tinha razão. Os reis, façam o que fizerem,
serão sempre reis, e o melhor deles não
vale mais que seus ministros."
[*Salut public*, fevereiro de 1848]

Muitas religiões parecem a nossa,
Todas escalam o céu; a Santidade,
Como um delicado num leito de plumas se refestela,
Em pregos ou crina buscando a volúpia;

"Padres, não hesitem: atirem-se corajosamente nos braços do povo. Vocês se regenerarão com esse contato, o povo os respeita, o povo irá amá-los. Jesus Cristo, seu senhor é também o nosso; ele estava conosco nas barricadas, e foi por ele, apenas por ele, que nós vencemos. Jesus Cristo é o fundador de todas as repúblicas modernas; quem duvidar disso não leu os Evangelhos. Padres, aliem-se ousadamente conosco. Temos o mesmo Deus: por que dois altares?", dizia o primeiro número do jornal *Salut public*, fundado por Baudelaire e alguns amigos em fevereiro de 1848. Essas alianças entre o povo e a burguesia e a igreja, propostas em fevereiro, seriam traídas pela burguesia naquele mesmo ano. Segundo Marx, "o proletariado de Paris se deliciou com a magnânima embriaguez da *fraternité*". O povo se desespera após o fechamento dos Ateliês Nacionais, instituição criada a 26 de fevereiro, que fornecia trabalho e um mínimo de renda aos desempregados. No final de junho, o Exército, a Guarda Nacional, a guarda republicana e a guarda móvel, fortemente armados, massacram os trabalhadores revoltados, até a última barricada (foram cerca de 1500 na zona leste), no Faubourg Saint-Antoine. Foi um banho de sangue, um genocídio social: 4000 trabalhadores revoltados são mortos, 1500 presos fuzilados, outros 4000 são deportados para a Argélia; cerca de 1600 soldados também morreram. Esse massacre, segundo Sartre, foi "o pecado original da burguesia". Segundo Engels, se os cidadãos tivessem empregado os mesmos meios violentos da burguesia (e recorressem ao incêndio), "Paris teria sido destruída, mas eles teriam triunfado".

**A Humanidade tagarela, bêbada de seu gênio,
E, ainda louca como era antes,
Clama a Deus, em furibunda agonia:
"Meu semelhante, meu mestre, maldito seja!"**

"É preciso estar sempre bêbado. Tudo se resume a isso: é a única questão. Para não sentir o fardo horrível do Tempo que fere os seus ombros e os obriga a se curvar para a terra, é preciso embriagar-se sem trégua. Mas de quê? De vinho, de poesia ou de virtude, à sua escolha. Mas embriaguem-se.
E se às vezes, nas escadarias de um palácio, na grama verde de um barranco, na solidão morna de seu quarto, vocês acordarem, com a embriaguez já diminuída ou passada, perguntem ao vento, à vaga, à estrela, à ave, ao relógio, a tudo que foge, a tudo que geme, a tudo que rola, a tudo que canta, a tudo que fala, perguntem que horas são e o vento, a vaga, a estrela, a ave e o relógio responderão: 'É hora de se embriagar!' Para não serem escravos martirizados do Tempo, embriaguem-se! Embriaguem-se incessantemente! De vinho, de poesia ou de virtude, à sua escolha."
[Baudelaire, *Spleen de Paris*, 1869]

E os menos tolos, temerários amantes da Demência,
Fogem do rebanho pastoreado pelo Destino,
E se refugiam no ópio imenso!
– Eis do globo inteiro o eterno relatório."

VII

Na tradução de Baudelaire do conto "William Wilson" de Poe: "oasis de fatalité dans un sahara d'erreur": "oasis of fatality amid a wilderness of error". Ao todo, o poema "A Viagem" usa quatro imagens de Poe: o astrólogo de Ligeia (I), o Eldorado (II), o oásis (VII) e o mar negro como nanquim da Descida ao Maelström (VIII).

Amargo saber, aquele que se tira da viagem!
O mundo, monótono e pequeno, hoje,
Ontem, amanhã, sempre, nos faz ver nossa imagem:
Um oásis de horror num deserto de tédio!

Em 1940, a poeta russa Marina Tsvetaeva fez doze
traduções d'"A Viagem": *Plavanie*, literalmente, navegação,
inclui a ideia de morte, como na expressão idiomática "fazer
a grande viagem", morrer. Diversos poemas de Tsvetaeva
dessa época antecipam sua própria morte no ano seguinte.

Para a criança à noite vendo figuras,
Cada espaço — a distância entre cada espaço,
Como esse mundo é grande àquela luz acesa!
Ó, como aos olhos da memória — infinitamente pequeno!

Um dia de chuva e sobre-humana melancolia,
Não suportamos a dureza sob o rumor das âncoras,
Embarcamos no navio — e lá se encontram
Sonhos imensos e o mar finito.

O que nos leva adiante? Uns — pelo ódio da pátria,
Outros — pelo tédio do lar, outros ainda — à sombra
Dos cílios de Circe passaram metade de uma vida —
E esperam salvar os dias que restam.

Deve-se partir? Ficar? Se puder, descanse;
Vai, se é o que deve fazer. Um corre, outro esconde
Para enganar o inimigo vigilante e funesto,
O Tempo! Ah, há quem corra sem demora,

O Judeu Errante, ou Asuero ou Ahasverus, teria sido testemunha da Paixão de Cristo original e estaria vivo até hoje. Símbolo do sofrimento, dizem que não deixou Jesus descansar na subida do Calvário. Personagem do poema de Castro Alves que o compara ao Gênio, e do conto "Viver!" das *Várias histórias* (1896), de Machado de Assis, em diálogo eterno com Prometeu. Segundo uma lenda cristã, foi um sapateiro de Jerusalém que teria enxotado Jesus Cristo, que tropeçou com a cruz em frente à sapataria onde ele trabalhava. E Jesus o teria amaldiçoado ("eu saio, mas você não vai morrer enquanto eu não voltar") a caminhar eternamente e não morrer nunca mais. Outra lenda conta que Ahasverus teria se recusado a ajudar Jesus Cristo a se levantar depois de tropeçar em frente a um curtume onde ele trabalhava. E por isso Jesus teria recorrido a Simão, que ajudou. Dizem que talvez o Judeu Errante seja o próprio Judas Iscariotes, mas dizem também que ele teria se mudado para Pernambuco, daí a expressão: "onde Judas perdeu as botas". Na Bélgica, usou o nome *Isaac Laquedem*, como aparece no romance de Dumas (1853), pseudônimo mais tarde adotado por Benjamin Fondane (1898-1944).

Como o Judeu errante, como os apóstolos,
A quem nada adiantou, trem ou barco,
Para fugir à rede do gladiador infame;
E outros que matam sem sair da cama.

Na tradução de Tsvetaeva —

*Como quando iniciamos nossa viagem ao Peru,
saudando o sol nascente com o rosto da Aurora.*

— a China é substituída pelo Peru, em alusão
ao "Hino aos Juízes" (1915) de Maiakóvski
("Um Peru-paraíso com baobás até onde a vista
alcança"). A China aparece apenas duas vezes nas
Flores do mal, aqui e em "Moesta et Errabunda".

A filha de Théophile Gautier, Judith, traduziu
poetas clássicos chineses, reunidos em *Le Livre
de jade*. Alguns críticos chineses mais tarde
comparariam Baudelaire a Li Ho, Li Po, Tu Fu e
Li Shang-yin.

Quando ele enfim esmagar nossa coluna,
Poderemos imóveis gritar: Adiante!
Como já fizemos e partimos para a China,
Olhos fitos na distância e vento nos cabelos,

Mare Tenebrarum era o nome medieval do Oceano Atlântico, que começava a partir do Cabo Não e do Bojador no Marrocos. Até 1421, estes pontos do Saara Ocidental eram considerados os limites meridionais do mundo, além dos quais começava o Bahr al-Zulumat.

Em "Uma Descida no Maelström", traduzido por Baudelaire, Poe se refere às águas cor de nanquim, que lembravam as descrições do geógrafo núbio Al Idrisi e de Jonas Ramus, o qual dizia, por sua vez, que o Maelström norueguês era o estreito entre Cila e Caribde da *Odisseia* (hoje se imagina ser o Estreito de Messina, entre a Sicília e a Calábria).

Segundo Homero (*Odisseia*, canto IX), a ilha dos Lotófagos ficava perto do norte da África. Heródoto dizia que era na costa da Líbia. Hoje se acredita ser a ilha de Gerba na Tunísia, e se supõe que o lótus seja a jujuba (*Ziziphus lotus*).

Embarcaremos sobre o mar das Trevas
Com o coração feliz de um jovem passageiro.
Escutem essa voz, encantadora e fúnebre,
Que canta: "Por aqui, quem quiser comer

"Coragem!", ele disse, e apontou a praia,
"Essa onda vai nos jogar na costa em breve."
À tarde chegam numa terra onde
Parecia sempre ser a mesma tarde.
Pela costa, o ar lânguido soprava,
No ritmo de quem tem um sonho estranho.
Com seu rosto sobre o vale, a lua cheia,
E feito uma fumaça, a cachoeira,
No penhasco parecia que parava, e depois caía.
[...]
[Alfred Tennyson, "Os Lotófagos", 1832]

O lótus perfumado! aqui é a vindima
Da fruta milagrosa de que o coração tem fome;
Vieram se embriagar da doçura estranha
Dessa tarde sem fim?"

Segundo Homero, tudo começou com uma vingança. O fato é que o fantasma de Agamenon, rei de Argos, encontra Ulisses no inferno e conta que Egisto o assassinou. Segundo Ésquilo, é a rainha quem mata o rei enquanto ele tomava banho. Clitemnestra e seu amante Egisto matam Agamenon, Electra leva seu irmãozinho Orestes de Micenas para Crisa, na Fócida, onde Pílades, seu primo, era filho do rei. Ao atingir a maioridade, Orestes obedece Apolo, mata a mãe, e Pílades mata Egisto. Pelo matricídio, Orestes é enlouquecido e perseguido pelas Fúrias. Absolvido por Apolo e Atena, segundo Eurípides, Orestes viaja à Táurida em busca de uma estátua de Ártemis que o livrará da loucura (e onde encontra sua irmã dada como morta, Ifigênia, convertida em sacerdotisa encarregada do seu sacrifício, do qual ela desiste e foge com Orestes, Pílades e a estátua). No final, Pílades se casa com Electra. Depois de matar Egisto, Pílades volta para casa, mas seu pai o exila. Quando Orestes foi acusado, Pílades teria dito: "Eu sou Orestes!", tal como aparece no Purgatório de Dante (canto XI, verso 32). Na *Andrômaca* de Racine, Orestes chega à corte de Pirro para pedir aos troianos derrotados a entrega de Astíanax, filho de Heitor e Andrômaca, aos gregos. Mas Orestes ama Hermíone, que ama o rei Pirro, apaixonado por Andrômaca, viúva fiel. Orestes mata Pirro, Hermíone se suicida e Orestes enlouquece.

Segundo Sartre, em *As Moscas* (1943), Orestes era um intelectual que virava um guerrilheiro sem remorsos, ele mesmo matou a mãe e o amante dela e fugiu com Electra.

Na dedicatária dos *Paraísos artificiais* (1860), Baudelaire parafraseia as *Confissões de um comedor de ópio* de Thomas de Quincey:
"Verás nesse painel um andarilho sombrio e solitário, mergulhado na onda movediça das multidões, e enviando seu coração e seu pensamento a uma Electra longínqua, que enxugava ainda há pouco sua fronte banhada de suor e refrescava seus lábios pergaminhados pela febre; e advinharás a gratidão de um outro Orestes de quem muitas vezes velaste os pesadelos, e dissipaste, com mão leve e maternal, o sono perturbado".

A imagem do beijo nos joelhos lembra a cena sexualizada em que Hamlet (ato 3, cena 2) propõe deitar a cabeça no colo de Ofélia. Assim como Electra e Andrômaca, Ofélia representa um tipo de lealdade do amor trágico feminino, fraternal, maternal, filial e passional, fidelidade aos próprios sentimentos. Assim como Hamlet, Orestes é o último de uma geração de heróis enlouquecidos, que considerava o segundo casamento da mãe e a morte do pai motivos de vingança.

Pela voz familiar adivinhamos o espectro;
Pílades nos estende seus braços.
"Navega para tua Electra refrescar teu coração!"
Diz aquela de quem beijamos os joelhos.

VIII

Além de Delacroix e Poe, outra grande paixão de Baudelaire eram as óperas lendárias de Wagner. Este velho capitão Morte lembra o holandês errante d'*O Navio Fantasma* – ópera inspirada em Heine e numa viagem marítima conturbada do compositor, de Riga a Londres parando na Noruega – que o poeta assistiu no Théâtre Italien.

"Lúgubre e profundo como o Oceano, o vento e as trevas."
[*Richard Wagner e Tannhäuser em Paris*, 1860]

No segundo ato, Senta, filha de um capitão norueguês, símbolo da fidelidade, descreve a lenda do retrato de um capitão condenado a voltar a cada sete anos para a terra firme em busca de uma mulher fiel que desfará o encanto de Satã, que o condenou a repetir incessantemente esse destino:

Encontraste um navio no mar,
com velas vermelho-sangue e negro mastro?
No alto convés, um homem pálido,
senhor do navio, vigia sem descanso.
Ai! como o vento uiva! Ai, ai!
Ai! como sopra no velame! Ai, ai!
Ai! como uma flecha ele vai,
sem propósito, sem descanso, sem paz!

"Eu, por mim, condescendo em ser republicano: faço o mal com consciência de causa! Sim, viva a Revolução! Sempre, apesar de tudo! Mas não me deixo iludir, nunca fui iludido! Digo: Viva a Revolução!, como poderia dizer: Viva a Destruição!, viva a Expiação!, viva o Castigo!, viva a Morte! Todos temos o espírito republicano no sangue, tal como temos a sífilis nos ossos. Somos democratas sifilíticos."
[Baudelaire, *Pobre Bélgica*, 1864]

Morte, velha capitã, é agora! Levantar âncora!
Este país nos entedia, Morte! Preparar para partir!
Se o céu e o mar são negros como nanquim,
Nossos corações que conheces são cheios de clarões!

Novo, em itálico no original. No *Livro das Passagens*, Walter Benjamin comenta o poema: "O novo é uma qualidade independente do valor de uso da mercadoria [...] É a quintessência da falsa consciência cujo agente incansável é a moda. [...] O árbitro das novidades (*arbiter novarum rerum*) para a arte é o esnobe. O esnobe é para a arte o que o dândi é para a moda. Assim como no século XVII a alegoria se torna o cânone das imagens dialéticas, acontece no século XIX com a *noveauté*. Os jornais se aliam aos *magasins de noveautés*. A imprensa organiza o mercado de valores espirituais provocando no primeiro momento uma alta. Os inconformados se rebelam contra a entrega da arte ao mercado. [...]"

Em sua novela *La Fanfarlo* (1847), Baudelaire/Samuel Cramer — o narrador é filho de um alemão com uma chilena e a personagem-título é inspirada em Jeanne Duval — usava imagens semelhantes às do poema: "Todos parecemos mais ou menos um viajante que tivesse percorrido um país muito grande. [...] Ele retoma tristemente seu caminho rumo a um deserto que lhe parece semelhante àquele que acabou de percorrer, escoltado por um pálido fantasma que chamamos de Razão, que ilumina com uma lanterna fraca a aridez de seu caminho, e que, para estancar a sede renascente das paixões que lhe acomete de tempos em tempos, derrama sobre ele o veneno do tédio."

N'importe où! n'importe où! porvu que ce soit hors du monde
[Baudelaire, "Anywhere out of the world", *Spleen de Paris*, XLVIII, 1869]

[...] *nunc uino pellite curas;*
cras ingens iterabimus aequor
(afasta as preocupações com o vinho, amanhã partiremos sobre as águas)
[Horácio, *Odes*, Livro I, VII, vv. 31-32]

(Proust comparava esses últimos versos do poema à cena final da *Andrômaca* de Racine, entre Pílades e Orestes, e os julgava insípidos, estranhando a extrema simplicidade desses desfechos.)

**Derrama-nos teu veneno pois ele nos reconforta!
Queremos, tamanho o fogo que nos queima o cérebro,
Descer ao fundo da voragem, Inferno ou Céu,
                    [que importa?
Ao fundo do Desconhecido, para encontrar o *novo*!**

Le Voyage

À Maxime du Camp

I

Pour l'enfant, amoureux de cartes et d'estampes,
L'univers est égal à son vaste appétit.
Ah! que le monde est grand à la clarté des lampes!
Aux yeux du souvenir que le monde est petit!

Un matin nous partons, le cerveau plein de flamme,
Le cœur gros de rancune et de désirs amers,
Et nous allons, suivant le rythme de la lame,
Berçant notre infini sur le fini des mers:

Les uns, joyeux de fuir une patrie infâme;
D'autres, l'horreur de leurs berceaux, et quelques-uns,
Astrologues noyés dans les yeux d'une femme,
La Circé tyrannique aux dangereux parfums.

Pour n'être pas changés en bêtes, ils s'enivrent
D'espace et de lumière et de cieux embrasés;
La glace qui les mord, les soleils qui les cuivrent,
Effacent lentement la marque des baisers.

Mais les vrais voyageurs sont ceux-là seuls qui partent
Pour partir; cœurs légers, semblables aux ballons,
De leur fatalité jamais ils ne s'écartent,
Et, sans savoir pourquoi, disent toujours: Allons!

Ceux-là dont les désirs ont la forme des nues,
Et qui rêvent, ainsi qu'un conscrit le canon,
De vastes voluptés, changeantes, inconnues,
Et dont l'esprit humain n'a jamais su le nom!

II

Nous imitons, horreur! la toupie et la boule
Dans leur valse et leurs bonds; même dans nos sommeils
La Curiosité nous tourmente et nous roule
Comme un Ange cruel qui fouette des soleils.

Singulière fortune où le but se déplace,
Et, n'étant nulle part, peut être n'importe où!
Où l'Homme, dont jamais l'espérance n'est lasse,
Pour trouver le repos court toujours comme un fou!

Notre âme est un trois-mâts cherchant son Icarie;
Une voix retentit sur le pont: "Ouvre l'œil!"
Une voix de la hune, ardente et folle, crie:
"Amour... gloire... bonheur!" Enfer! c'est un écueil!

Chaque îlot signalé par l'homme de vigie
Est un Eldorado promis par le Destin;
L'Imagination qui dresse son orgie
Ne trouve qu'un récif aux clartés du matin.

Ô le pauvre amoureux des pays chimériques!
Faut-il le mettre aux fers, le jeter à la mer,
Ce matelot ivrogne, inventeur d'Amériques
Dont le mirage rend le gouffre plus amer?

Tel le vieux vagabond, piétinant dans la boue,
Rêve, le nez en l'air, de brillants paradis;
Son œil ensorcelé découvre une Capoue
Partout où la chandelle illumine un taudis.

III

Etonnants voyageurs! quelles nobles histoires
Nous lisons dans vos yeux profonds comme les mers!
Montrez-nous les écrins de vos riches mémoires,
Ces bijoux merveilleux, faits d'astres et d'éthers.

Nous voulons voyager sans vapeur et sans voile!
Faites, pour égayer l'ennui de nos prisons,
Passer sur nos esprits, tendus comme une toile,
Vos souvenirs avec leurs cadres d'horizons.

Dites, qu'avez-vous vu?

IV

"Nous avons vu des astres
Et des flots, nous avons vu des sables aussi;
Et, malgré bien des chocs et d'imprévus désastres,
Nous nous sommes souvent ennuyés, comme ici.

La gloire du soleil sur la mer violette,
La gloire des cités dans le soleil couchant,
Allumaient dans nos cœurs une ardeur inquiète
De plonger dans un ciel au reflet alléchant.

Les plus riches cités, les plus grands paysages,
Jamais ne contenaient l'attrait mystérieux
De ceux que le hasard fait avec les nuages.
Et toujours le désir nous rendait soucieux!

– La jouissance ajoute au désir de la force.
Désir, vieil arbre à qui le plaisir sert d'engrais,
Cependant que grossit et durcit ton écorce,
Tes branches veulent voir le soleil de plus près!

Grandiras-tu toujours, grand arbre plus vivace
Que le cyprès? – Pourtant nous avons, avec soin,
Cueilli quelques croquis pour votre album vorace,
Frères qui trouvez beau tout ce qui vient de loin!

Nous avons salué des idoles à trompe;
Des trônes constellés de joyaux lumineux;
Des palais ouvragés dont la féerique pompe
Serait pour vos banquiers un rêve ruineux;

Des costumes qui sont pour les yeux une ivresse;
Des femmes dont les dents et les ongles sont teints,
Et des jongleurs savants que le serpent caresse."

V

Et puis, et puis encore?

VI

"Ô cerveaux enfantins!

Pour ne pas oublier la chose capitale,
Nous avons vu partout, et sans l'avoir cherché,
Du haut jusques en bas de l'échelle fatale,
Le spectacle ennuyeux de l'immortel péché:

La femme, esclave vile, orgueilleuse et stupide,
Sans rire s'adorant et s'aimant sans dégoût;
L'homme, tyran goulu, paillard, dur et cupide,
Esclave de l'esclave et ruisseau dans l'égout;

Le bourreau qui jouit, le martyr qui sanglote;
La fête qu'assaisonne et parfume le sang;
Le poison du pouvoir énervant le despote,
Et le peuple amoureux du fouet abrutissant;

Plusieurs religions semblables à la nôtre,
Toutes escaladant le ciel; la Sainteté,
Comme en un lit de plume un délicat se vautre,
Dans les clous et le crin cherchant la volupté;

L'Humanité bavarde, ivre de son génie,
Et, folle maintenant comme elle était jadis,
Criant à Dieu, dans sa furibonde agonie:
'Ô mon semblable, mon maître, je te maudis!'

Et les moins sots, hardis amants de la Démence,
Fuyant le grand troupeau parqué par le Destin,
Et se réfugiant dans l'opium immense!
– Tel est du globe entier l'éternel bulletin."

VII

Amer savoir, celui qu'on tire du voyage!
Le monde, monotone et petit, aujourd'hui,
Hier, demain, toujours, nous fait voir notre image:
Une oasis d'horreur dans un désert d'ennui!

Faut-il partir? rester? Si tu peux rester, reste;
Pars, s'il le faut. L'un court, et l'autre se tapit
Pour tromper l'ennemi vigilant et funeste,
Le Temps! Il est, hélas! des coureurs sans répit,

Comme le Juif errant et comme les apôtres,
À qui rien ne suffit, ni wagon ni vaisseau,
Pour fuir ce rétiaire infâme; il en est d'autres
Qui savent le tuer sans quitter leur berceau.

Lorsque enfin il mettra le pied sur notre échine,
Nous pourrons espérer et crier: En avant!
De même qu'autrefois nous partions pour la Chine,
Les yeux fixés au large et les cheveux au vent,

Nous nous embarquerons sur la mer des Ténèbres
Avec le cœur joyeux d'un jeune passager.
Entendez-vous ces voix charmantes et funèbres,
Qui chantent: "Par ici vous qui voulez manger

Le Lotus parfumé! c'est ici qu'on vendange
Les fruits miraculeux dont votre cœur a faim;
Venez vous enivrer de la douceur étrange
De cette après-midi qui n'a jamais de fin!"

À l'accent familier nous devinons le spectre;
Nos Pylades là-bas tendent leurs bras vers nous.
"Pour rafraîchir ton cœur nage vers ton Electre!"
Dit celle dont jadis nous baisions les genoux.

VIII

Ô Mort, vieux capitaine, il est temps! levons l'ancre!
Ce pays nous ennuie, ô Mort! Appareillons!
Si le ciel et la mer sont noirs comme de l'encre,
Nos cœurs que tu connais sont remplis de rayons!

Verse-nous ton poison pour qu'il nous réconforte!
Nous voulons, tant ce feu nous brûle le cerveau,
Plonger au fond du gouffre, Enfer ou Ciel, qu'importe?
Au fond de l'Inconnu pour trouver du *nouveau*!

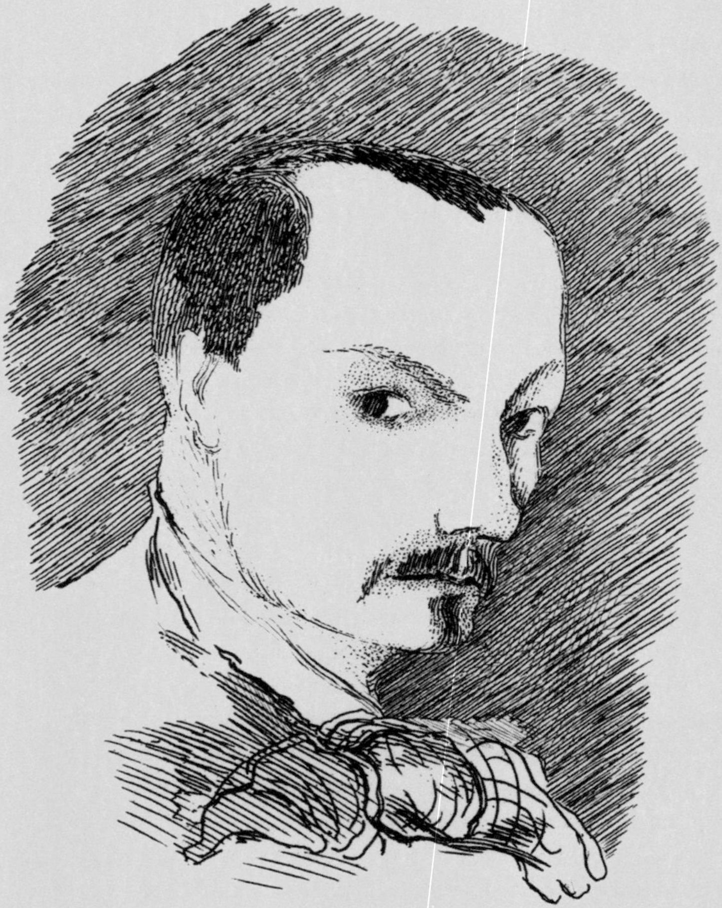

NOTA DO TRADUTOR

Quando li pela primeira vez "Le Voyage", eu ainda não sabia francês o suficiente para entender muito bem — apenas acertava a pronúncia pelas rimas e pelo ritmo, perfeitos, do original. Depois ouvi franceses dizendo o poema e fui percebendo melhor as ênfases e os tons de suas oito partes. Dizem que Baudelaire o declamava espasmodicamente, alternando as vozes dos viajantes, e a misteriosa voz do final — ou terei sonhado isso, assim como sua identificação com Orestes e Hamlet? As traduções disponíveis (Jamil Almansur Haddad e Ivan Junqueira) eram bonitas, mas me pareciam um tanto forçadas pela forma fixa, muitas vezes obscurecendo as imagens e alusões, que passei a anotar e colecionar ao longo dos anos. Todas as imagens deste livro, alegóricas como o texto de Baudelaire, encontram-se hoje em domínio público na Wikimedia Commons, são reproduções de fotografias do século dezenove, ilustrações de almanaques e livros, mapas, selos, estampas antigas, croquis, esboços, coisas de sebo. Inspirado no *Livro das Passagens* de Walter Benjamin, pensei este livrinho como uma sessão de diapositivos coletiva, para um grupo de leitura da íntegra d'*As flores do mal*, que fizemos na minha casa no início do século (Fabrício Corsaletti, Iuri Pereira, Cide Piquet, Chico Mattoso, Paulo Werneck, Rodrigo Lacerda, Sérgio Alcides, Érica Zíngano, entre outros mais erráticos), reunidos em torno de uma mesa de ping-pong. Não chegamos nunca a fazer a leitura que sempre sonhei: a cada estrofe, uma voz diria apenas o texto do poema traduzido literalmente (as páginas ímpares, da direita), enquanto as imagens seriam projetadas (como fantasmas ou marcas-d'água), e outras vozes fariam, a seguir, os comentários mais livres que lhes ocorressem (as páginas pares, da esquerda). Aos meus semelhantes citados, companheiros de uma sessão futura, dedico este modesto programa.

CRÉDITOS DAS IMAGENS

CAPA Maxime du Camp, Colosso de Abu Simbel (1850)
1 Maxime Du Camp, Faraó no templo de Kalabsha, Núbia (1851)
2 Maxime Du Camp, A Esfinge, Egito (1850)
3 Maxime du Camp, Templo de Filas, Egito (1851)
4 F. A. Garnier, África Meridional (1862)
5 Jules Janin, *La Normandie*, ilustrado por Morel-Fatio, Tellier, Gigoux, Daubigny, Debon, Bellangé e Johannot (1843)
6 La Fontaine, *Fables*, ilustrado por J.J. Grandville (1855)
7 Giulio di Antonio Bonasone, Circe oferece a taça fatal (c. 1543)
8 Félix Nadar, Retrato no cesto de um balão com binóculos (1897)
9 Gustave Courbet, *Salut public* (1848)
10 Antonio Tempesta, Expulsão de Heliodoro do Templo (c. 1630)
11 Miniatura anônima, Alquimista, Dresden (c. 1550)
12 Frontispício da primeira edição de *Voyage en Icarie*, de Étienne Cabet (1848)
13 Eldorado, gravura anônima (c. 1727)
14 Joos van Winghe, *Brevísima descrición de la destrucción de las Indias* de Bartolomé de las Casas (1664)
15 Acampamento de Aníbal junto a Rocca di Papa, in Karl Stieler et alii., *Italy from the Alps to Mount Etna* (1877)
16 Litogravura de Saint Germain, a partir de E. Prisse, Xeque árabe fumando (c. 1850)
17 Carl Guttenberg, A revolução anglo-americana (1778)
18 Lejeune, *Fantasmagorie* de Robertson dans la Cour des Capucines en 1797, in Étienne-Gaspard Robert, *Mémoires récréatifs, scientifiques et anecdotiques du physicien-aéronaute E.G. Robertson* (1831)
19 Gustave Doré, Inferno (canto II), in Dante Alighieri, *La Divine comédie* (1857)
20 Fabius Brest, Die Gartenlaube (1897)
21 Adolphe Laurent Joanne, Mesquita de Mimaret na Trebizonda (1850)
22 Félicien Rops, Pornokratès (1896)
23 Irmãos Neurdein, Argélia, Tlemcen, Jovem moura (1860)
24 Kassian Céphas, Capela de Ganesha no Templo de Shiva em Prambanan Tjandi (1895)
25 Lehnert e Landrock, Beldade beduína (c. 1904)
26 Charles Meryon, Escudo de Armas de Paris, com o lema "Balança mas não afunda" (1854)
27 Samuel Ireland, Caricatura de uma dissecção (c. 1785)
28 Thomas Couture, Os romanos da decadência (1847)
29 Samuel Ireland, Homem grotescamente obeso leva a barriga em carrinho (c. 1785)
30 Alfred Rethel, Dança da morte: Morte como herói da Revolução (1848)
31 Félicien Rops, frontispício de *Épaves* (1868)
32 Grandville, Cent Proverbes (1845)
33 Gustave Doré, Opium Den (1872)
34 Arthur Rackham, William Wilson de Poe (c. 1930)
35 William Hogarth, Time smoking a picture (c. 1750)
36 Gustave Doré, Bíblia (c. 1870)
37 François Boucher, Chinoiserie (c. 1750)
38 Paul Gauguin, Une Descente dans le Maelstrom (1889)
39 W.E.F. Britten, The Lotos-Eaters of Alfred Lord Tennyson (1901)
40 W. A. Bougureau, Remorso de Orestes perseguido pelas Fúrias (1862)
41 John Hamilton Mortimer, Death on a pale horse (1775)
42 Albrecht Dürer, Miguel combate o Dragão (1497)
43 Charles Baudelaire, Autoportrait au crayon (1845)
44 Best, Atelier du timbre à la presse (1853)

© 2017 Laranja Original Editora e Produtora Ltda.
Todos os direitos reservados

www.laranjaoriginal.com.br

Editores
Filipe Moreau, Clara Baccarin
Organização e tradução
Alexandre Barbosa de Souza
Revisão
Germana Zanettini
Capa e projeto gráfico
Flávia Castanheira
Pesquisa iconográfica
Alexandre Barbosa de Souza, Flávia Castanheira
Produção executiva
Gabriel Mayor

Dados Internacionais de Catalogação na Publicação (CIP)
(Câmara Brasileira do Livro, SP, Brasil)

Baudelaire, Charles (1821-1867)
 A viagem, Charles Baudelaire
 Título original: Le voyage
 Tradução: Alexandre Barbosa de Souza
 1ª ed. — São Paulo: Laranja Original, 2017
 ISBN 978-85-92875-07-7

1. Poesia francesa I. Título.
17-03731   CDD-841

Índices para catálogo sistemático:
1. Poesia: Literatura francesa 841

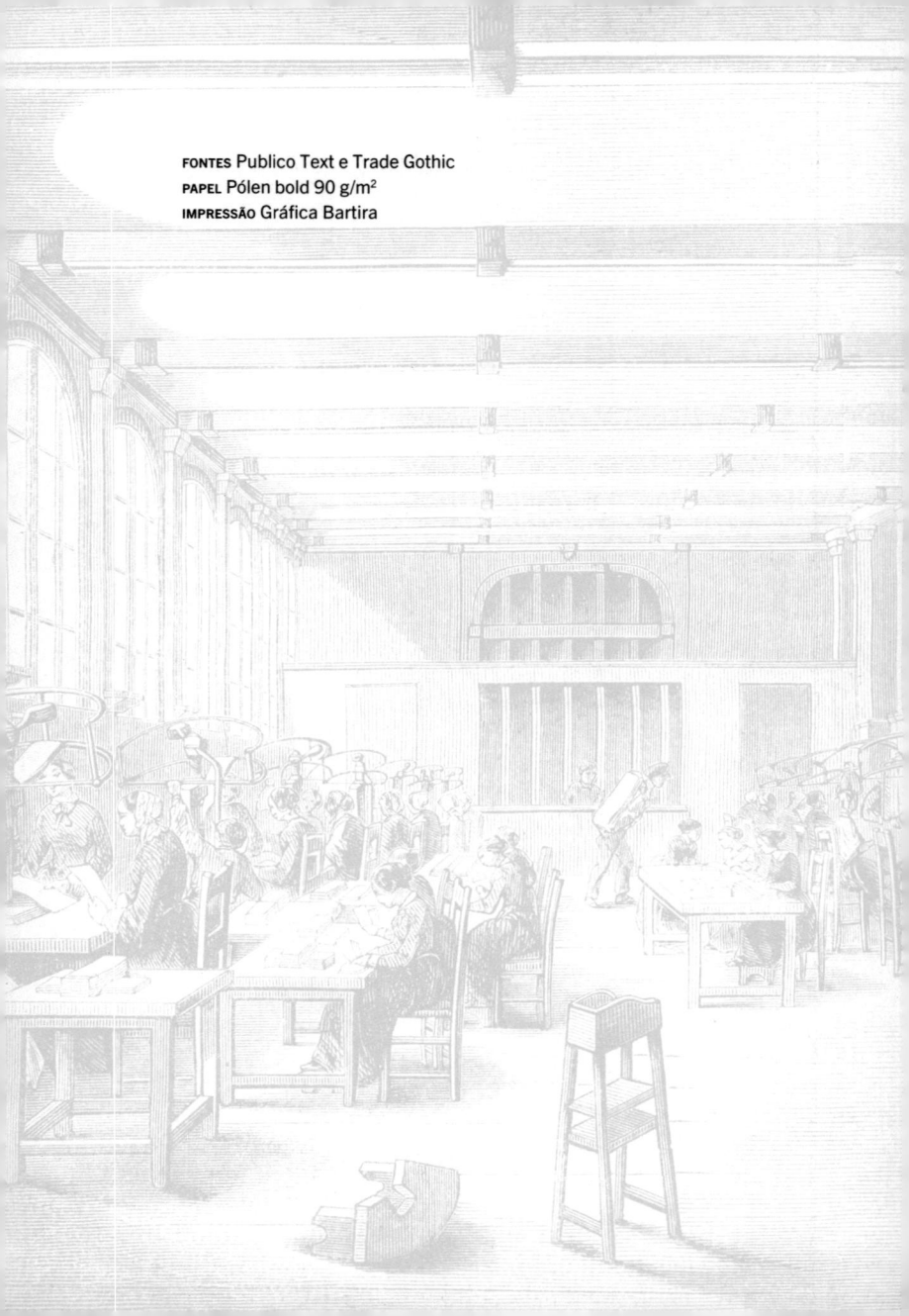

FONTES Publico Text e Trade Gothic
PAPEL Pólen bold 90 g/m²
IMPRESSÃO Gráfica Bartira